Rosemarie Klotzbach

Philosophie einer

Reiki-Meisterin

Erfahrungen und Erkenntnisse im

Laufe der Jahre aus eigener Praxis

Bibliografische Information der Deutschen Nationalbibliothek:

Die Deutsche Nationalbibliothek verzeichnet diese Publikation in der
Deutschen Nationalbibliografie; detaillierte bibliografische Daten sind im
Internet über http://dnb.dnb.de abrufbar.

© 2016 Rosemarie Klotzbach

Unter weiterer Mithilfe von: Gabriele Hillebrandt und Gerlind Haak

Herstellung und Verlag: BoD – Books on Demand, Norderstedt

ISBN: 9783739215693

Zu meiner Person und diesem Buch:

Mein Name ist Rosemarie Klotzbach und ich wohne in Vollersode bei Bremen. Mein Buch beinhaltet Ratschläge für jedermann und ich möchte mein Wissen, wie man zu einer Heilung gelangt, weitergeben. Durch jahrelange Reiki-Praxis habe ich Erfahrungen fürs Leben gesammelt und hoffe, dass ich damit Menschen helfen kann. Es ist eben die Philosophie einer Reiki-Meisterin.

Kapitel 1

Positives Denken

Es gibt ein Sprichwort: „Das, was Du heute denkst, wirst Du morgen sein!"

Worte haben Kraft zu zerstören oder zu heilen. Sie können unsere Welt verändern. Bei einem Streit kommt es schon mal vor, dass man etwas laut sagt und hinterher denkt man, das hätte man nicht zu sagen brauchen, sondern nur denken sollen.

Intuition hat auch mit dem Denken zu tun, man kann es auch „lautlose Telepathie" nennen. Hier ein Beispiel: Du denkst an eine bestimmte Person und gerade in diesem Moment klingelt das Telefon. Ja, es ist die Person am Telefon, an die Du gerade gedacht hast.

Einige Menschen, die eine schwere Krankheit in sich haben, suchen nach Heilung. Sie wählen ganz intuitiv entweder die Schulmedizin oder die Naturheilkunde.

Dabei ist es auch ganz wichtig, den ersten Schritt bei sich selber zu tun. Der erste Schritt ist die Achtsamkeit, Achtsamkeit in Bezug auf sich selber und auf seinen Körper. Man kann diese Fähigkeit erlernen, in der Meditation, wobei man sich ganz auf seinen Körper konzentriert. Hierzu werden auch viele andere geistige und körperliche Übungen angeboten, z. B. Yoga, Thai Chi, Qi Gong, autogenes Training und Reiki – aber das Wichtigste ist das „positive Denken". Manchmal ist es nicht einfach positiv zu denken, weil man viel Schlechtes erfahren hat, sogar einen lieben Menschen verloren hat. Aber auch dann geht das Leben weiter und wartet auf eine Affirmation.

Affirmation ist eine Botschaft an uns selbst. Sie öffnet uns die Tür zur Veränderung. Wir wenden uns praktisch an unser Unterbewusstsein. Affirmation hat also auch was mit dem positiven Denken zu tun: Wenn es keine positive Rückmeldung gibt, bist Du für eine Veränderung nicht bereit.

Nicht die Welt muss sich verändern,
sondern Du musst Dich verändern!

Was ist nun aber „positives Denken“? Besinne Dich auf das Schöne im Leben, vertraue Deinen Gefühlen und gehe immer nur vom Guten aus. Dieses alles gibt Dir die Kraft, so dass das Leben immer leichter wird. Heilende Gedanken machen Körper und Seele gesund. Dazu fällt mir die Selbstmeditation ein. Denn die Kraft liegt in der Stille!

„Danke“ ist auch Wort der Genesung. Ein Mensch, der dankbar ist, lernt negative Situationen in positive zu verwandeln. Ein dankbarer Mensch wirkt auf andere Menschen beruhigend und eine gute Ausstrahlung. Üben wir diese Haltung oder diese Einstellung täglich, werden wir merken, dass uns alles viel leichter von der Hand geht.

Ich selber hatte vor kurzem einen Traum: Ich ging auf eine große Wiese zu, sie hatte eine sattgrüne Farbe. Die einzelnen Halme waren gerade und hochgewachsen. Mitten hinein legte ich mich nieder und schloss die Augen und war einfach nur dankbar. Es war ein wohliges Gefühl und ich bin im Traum auf dieser Wiese eingeschlafen.

Als ich am nächsten Morgen erwachte, fühlte ich mich rundum gut und war total ausgeschlafen. Aber wie kann man diesen Traum realisieren? Meine Intuition sagte mir, es liegt eine positive Veränderung vor. Es war auch so. Meine Verspannungen im Nacken und meine Kopfschmerzen waren verschwunden. Also macht Dankbarkeit auch gesund, da es Stresshormone abbaut. Positives Denken und Dankbarkeit verhelfen uns die Selbstheilungskräfte zu aktivieren.

Buddha sagt:

Der Weg geht nicht zum Himmel,

der Weg geht zum Herzen.

Auch Spiritualität dient als Quelle der Heilung und Gesundheit. Jeder Mensch hat einen Glauben, er glaubt an irgendetwas, was ihm hilft, z. B. an Gott, Buddha, einen Talisman oder an einen Schutzengel. Menschen, die einen festen Glauben haben, sind tatsächlich körperlich und psychisch gesünder, so ist es auch statistisch bewiesen worden.

Auch sollte jeder Mensch auf seine Träume achten, denn Träume sind keine Schäume. Sie sind die Gaben unseres Geistes. Träume sind Affirmationen an uns selbst. Sie spiegeln unsere Seele wider und man sollte sie ernst nehmen.

Wenn ich Ja zum Leben sage,

sagt das Leben Ja zu mir!

Kapitel 2

Die Kraft der Ruhe und Stille

Einige Menschen, die zu mir in die Praxis kommen, sind eigentlich nicht krank, aber sie wissen, dass sie bei mir Ruhe und Kraft finden. Wie ich es in meinem ersten Buch schon beschrieben habe, gebe ich Reiki und auch in schwierigen Fällen bespreche ich die Krankheit, dieses Besprechen liegt bei uns in der Familie.

Einige Menschen streben nach Besitz, Geld, Macht und Anerkennung und trotzdem sind sie nicht zufrieden, sie spüren, dass es da noch etwas Anderes geben muss. Sie erkennen, dass da immer noch eine Lücke, eine Unzufriedenheit ist. Doch zu einer Erkenntnis wird es erst kommen, wenn eine schwerwiegende Krankheit sie in Beschlag nimmt. Sie verdrängen dann die Gedanken an Reichtum und Macht.

*Solange Dein Ego-Verstand Dein
Leben regiert, findest Du keine Ruhe.*

Viele, viele Menschen suchen dann Hilfe und klammern sich an einen Strohhalm. Dabei ist es so einfach, etwas für sich zu tun:

1. *die Ernährung*
2. *die Bewegung*
3. *einen Ort der Ruhe und Stille finden*

Auf einem Spaziergang kann man an einem starken Baum pausieren, sich an den Baum lehnen, so dass man wirklich seine Kraft verspürt und die Stille genießt. Dies ist nur ein Beispiel von vielen Dingen, die man machen kann, ohne dass man viel investieren muss.

Jeder Mensch sollte sich eine Auszeit nehmen, wenn es auch nur einige Minuten am Tag sind. Es tut Herz, Geist und der Seele gut und baut ganz automatisch den Druck und Stress des Alltags ab. Einige Leute sagen: „Nein, ich muss nach draußen in den Garten, ich muss die Erde spüren, um den Stress loszulassen!" Manche machen regelmäßig Sport und sind zufrieden. Andere schwören auf natürliche Sachen wie z. B. „Ingwerwickel". Ingwerwickel schenken uns Ruhe und Kraft. Sie werden oft bei nervösen und erschöpften Patienten verwendet. Sie stärken den gesamten Körper, wenn die Kompresse im Nierenbereich eingesetzt wird.

Anderen Patienten genügen auch einfach nur die Gespräche. Es sind vor allem die älteren Menschen, die einfach nur reden wollen, wie sie entweder allein im Haus wohnen oder weil keiner zuhört und Verständnis zeigt. Im Laufe des Erzählens kann man in einigen Fällen schon heraushören, warum sie gerade diese spezielle Krankheit bekommen haben.

Auch von Einsamkeit kann man krank werden. Ich selber begrüße es, wenn alleinstehende Personen sich ein Haustier anschaffen. Sie haben dann auch eine Verantwortung dafür und müssen sich regen. Natürlich unterhält man sich auch mit so einem Tier.

Wir lassen im Alleinsein die
Alltagspflichten hinter uns!

Es ist nur so, dass man Ruhe und Stille nicht mit Einsamkeit verwechseln sollte Viele Menschen fühlen sich sehr wohl, wenn sie alleine sind. Vielleicht weil sie es sonst sehr selten sind, da sie im Beruf viel mit Leuten zu tun haben. Sie sind gerne allein, da sie dann einmal Zeit haben für sich selber etwas zu tun. Vielleicht machen sie ein wenig Wellness, vielleicht wollen sie einfach nur in Ruhe ein Buch lesen oder zum Nachdenken einen ausgiebigen Spaziergang machen. Man lauscht dann der inneren Stimme und spürt die Kraft und Energie, die zum Herzen geht.

„Alleinsein" ist das Selbstbestimmte, ohne Anderesein.

„Einsamkeit" dagegen steht für das schmerzhaft empfundene Alleinsein!

In der Praxis: „Mit Gesprächen können wir positive Gedanken und Gefühle stärken. Gewöhnen wir uns eine positive Sprechweise an, wird unser Leben positiver und wir werden selbstbewusster. Wer negativ zu sich selbst ist und an sich selber ist, neigt oft zu

Depressionen. Wer von sich überzeugt ist und sagt: „Ich schaffe das!", überzeugt nicht nur Andere, sondern auch sich selbst!

Worte sind stark und kommen im Kopf und in der Seele als Botschaft an!

Kapitel 3

Weisheit

Es gibt ein Sprichwort: „In der Stille werden wir weise."

Wie werden wir weise?

Es gibt viele Ausführungen zur „Weisheit"- Für mich sind zum Beispiel Schüler, Studenten, Lehrer, Ärzte, Anwälte, Pastoren sehr weise. Es hat auch nichts mit dem Alter zu tun, sondern einfach nur aus den Erfahrungen, aus denen man gelernt hat, und die Erlebnisse, von denen man später berichtet.

Eine meiner Freundinnen findet ihren Guru total weise. Aber er redet nicht viel, sondern meditiert, da haben wir in der Stille die Weisheit. Die Freundin ist eine gute Freundin und auch schon sehr weise. Nur denke ich, wenn man immer auf seinen Guru hört, wird man nie seinen eigenen Weg (im Alltag) finden. So ist es auch im täglichen Leben. Man sollte sich nie von einem Menschen abhängig machen. Man sollte „loslassen" können und auf sein

Herz und sein Bauchgefühl bzw. seine Intuition hö-
ren.

Wann haben wir das letzte Mal „Danke" gesagt?
Dankbarkeit ist auch eine magische Zutat zur Weis-
heit und zu einem erfüllten Leben.

Ein guter Guru wird uns raten, uns nicht an seine Worte zu klammern, sondern seine Lektionen in unserem eigenen Leben zu erproben.

In der Kindheit sind wir zur Dankbarkeit schon sehr früh erzogen worden. Als Kind fand ich es lästig bei jeder Kleinigkeit „danke" zu sagen, wenn die Nachbarin mir einen Lolly schenkte oder wenn ich im Fernseher meine Lieblingssendung schauen durfte. Im Laufe der Zeit und im Alter ist es zu einer Selbstverständlichkeit geworden. Die älteren Menschen sind dankbar, dass sie noch jeden Tag genießen können und danken Gott, dass sie gesund sind. Ein älterer weiser Mensch kennt auch die Botschaft zu einem erfüllten Leben und zur Heilung: Gelassenheit und Ruhe. Diese Verhaltensweisen befreien uns von Stress, Druck und Ängsten.

Früher in der Schule ging immer ein Poesiealbum herum, in das jeder Schüler der Klasse einen Spruch hineinschrieb. An einen Vers kann ich mich besonders gut erinnern: „Liebe ist eine Kraft, die niemals endet." Ich fand diesen Spruch unheimlich gut und ich sah in diesem Mitschüler einen sehr weisen Menschen, obwohl ich wusste, dass er es irgendwo abgeschrieben haben musste. Meine Mutter sagte damals: „In Dir liegt ein großes spirituelles Wissen." Ich hatte als Kind auch immer das Gefühl, es würde mich jemand schützen, ich hatte immer das Gefühl, es wäre noch jemand bei mir. Für mich waren ältere Menschen, die klug waren, auch sehr weise. Ich habe selten die Erfahrung gemacht, dass, wenn Stress auf mich zukam und mehrere Tagesereignisse auf mich einströmten, ich immer stiller und ruhiger wurde. Ich fragte mich immer, ob das normal sei. Es ist bis heute so geblieben und ich denke, dass dieses Ruhigwerden mit meiner geistigen Schöpferkraft und Führung zu tun hat. Ich kenne viele Menschen, die bei Stress sehr nervös und hektisch werden, was dann wiederum für ihre Mitmenschen nicht vorteilhaft ist. Es sollte jeder Mensch selbstverständlich sein, achtsam mit seinen Nächsten umzugehen. Das Richtige ist immer das, was man mit Freude tut. Ein sehr Weiser sagt: „Der magische Schlüssel ist der Glaube an uns selbst." Diesen Spruch habe ich mir in mein Herz geschrieben.

Der weise Mensch sagt: „Konzentriere Dich stets auf Dein Inneres, statt auf Wut, Angst und Selbstmitleid.“

*Glaube heißt jetzt aber nicht alles zu glauben, son-
dern es handelt sich meistens um eigene Lebenser-
fahrungen und Weisheiten. Erfüllung und Erfolg gehen also von uns selber aus, indem wir unsere
Kraftquellen nutzen, wenn wir wissen, was wir
wirklich wollen. In der Motivation und in der Stille
können wir positive Gedanken fließen lassen und
sehen, dass geheime Wünsche in Erfüllung gehen.*

Was Dich nicht unterkriegt, macht Dich stärker!

Kapitel 4

Die Geduld

Es heißt: „Menschen, die geduldig sind, leben länger!" Dies ist statistisch auch bewiesen worden. Wenn man täglich Hektik und Stress hat, geht es auf die Gesundheit. Wissenschaftler haben auch erforscht, dass Menschen, die sich häufig ärgern, eher Krebs oder einen Herzinfarkt bekommen. Bluthochdruck und Magenbeschwerden sind weitere Folgen von Ärger, den man ständig hinunter schluckt. Geduld versetzt uns in die Lage, auch in Stresssituationen Ruhe zu bewahren, die Stresshormone Adrenalin und Cortisol werden abgebaut und das Immunsystem wird gestärkt.

Des Öfteren mache ich im Supermarkt immer dieselbe Erfahrung: Habe ich mal eben eine Stunde Zeit, denke ich, bis der nächste Patient kommt, könne ich noch schnell Einkaufen gehen. Aber dann passiert es. Nur zwei Kassen sind geöffnet und wo ich anstehe, geht es nicht vorwärts. Also wechsle ich die Kasse. Aber dann geht entweder die Kassenrolle zu Ende oder die Kassiererin klingelt, weil sie von einem Vorgesetzten etwas wissen will. Und schon stehe ich wieder in der Menschenschlange. Ungeduldig schaue ich zur Uh! Das Fazit: „Man sollte nie mit der Zeit im Nacken zum Einkaufen gehen"

Gut Ding will Weile haben.

Mit der Gesundheit ist es ähnlich. Gerade bei unge-
duldigen Menschen kann eine Erkältung lange an-
halten. Meine Mutter sagte immer: „Man kann jede
Menge Medizin schlucken, wenn man eine Erkältung
hat, dann dauert sie eine Woche. Trinkt man fleißig
Hühnerbrühe und ist geduldig, ist die Erkältung
nach sieben Tagen vorbei."

Manche Menschen haben auch Angst vor der Zu-
kunft. Einige bangen um ihren Job, andere wiede-
rum haben Angst vor dem Älterwerden und vor
Krankheiten. Ungewissheit kann auch nervös und
ungeduldig machen. Wer voller Zuversicht ist, denkt
automatisch positiv!

Wenn wir voller Angst und Ungeduld sind, dann ha-
ben wir unser inneres Gleichgewicht verloren und
laufen Gefahr depressiv zu werden. Dagegen hilft
am besten Bewegung. Wenn das Frühjahr kommt,
beginnt auch die Gartenarbeit. Man ist an der fri-
schen Luft, tankt Sonnenstrahlen und ist guter
Dinge. Ich arbeite gerne im Garten und lege mich
auch mal zum Ausruhen auf den Liegestuhl. Ich er-
freue mich dann an meinem geschaffenen Werk, zum
Beispiel an den frisch gepflanzten Blumen. Auch

kann ich es kaum erwarten bis die Stauden zur Blüte kommen. Es müsste alles auf einmal blühen, denke ich so manches Mal.

Aber dann fällt mir der Spruch meiner Mutter ein: „Garten heißt warten!" Denn es sollen ja viele Sommermonate lang die Blumen blühen!

Zuversicht ist der Glauben an das Unsichtbare!

Geduld ist nichts, was man hat oder nicht hat. Geduld ist eine Entscheidung, die wir fassen, die wir jedes Mal aufs Neue treffen.

Ich mache immer wieder die Entdeckung, dass wenn ich gute Bekannte lange nicht gesehen habe, die früher immer auf ihre Rechte pochten, sie auf einmal sehr zurückhaltend sind, dann frage ich mich, was passiert ist. Ja, sie haben ihr Leben geändert und dadurch eine andere innere Einstellung bekommen. Wahrscheinlich haben sie eine Affirmation bekommen, die sie veränderte.

Eine entfernte Verwandte bekam eines Tages einen Schlaganfall. Ich musste sie bewundern, wieviel Geduld sie aufbrachte, um wieder gesund zu werden. Jeder neue Tag war ein Geschenk für sie, denn sie musste wieder lernen zu sprechen, zu laufen und ihren linken Arm zu bewegen. Sie war in ihrem Leben immer sehr zuversichtlich und geduldig gewesen. Sie war natürlich auch sehr gläubig und betete jeden Tag, Gott möge ihr helfen. Und er tat es. Nach knapp vier Monaten war sie wieder „die Alte" und man merkte nichts mehr von ihrem Schlaganfall.

Leben heißt warten.

Geduld ist eine Entscheidungsfrage!

Kapitel 5

Was ist Glück?

Für einige Menschen ist es Glück, wenn sie einen Lottogewinn machen. Für andere ist es Glück gesund zu sein. Oder wie oft sagt man zu sich selbst: „Mensch, da habe ich aber noch einmal Glück gehabt!" Du fährst zum Beispiel Auto und hast doch tatsächlich den Radfahrer neben dir glatt übersehen, aber es ist nochmal gut gegangen. Gott sei Dank, denken die meisten, es ist Glück, wenn man gesund ist, eine tolle Familie hat und dass aus den Kindern etwas Vernünftiges geworden ist. Glück heißt auch, dass man einen guten Arbeitsplatz hat und sich mit seinen Mitarbeitern gut versteht. Für viele Menschen bedeutet es Glück, etwas Sinnvolles zu tun, so zum Beispiel alten und kranken Leuten zu helfen. Aber was mit 20 Jahren sinnvoll ist, kann mit 50 Jahren sinnlos sein.

Und da ist sie wieder, unsere innere Stimme. Manche nehmen sich als Eingebung wahr, aber auch als Erleuchtung oder als überströmendes Glücksgefühl. Die innere Stimme ist nicht laut. Aber in dem Mo-

ment, in dem man mit ihr in Kontakt ist, gibt es kei-
nen Zweifel daran, dass es stimmt, was sie sagt.

Man muss wissen was Glück ist, damit man es festhalten kann.

Für einige Menschen ist eine „Kursänderung" an-
gesagt. Ich selber zum Beispiel habe mich entwi-
ckelt, verändert und was ich früher in der
Gastronomie gemacht habe, passt heute nicht mehr
zu mir. Ich empfinde es als großes Glück, dass ich
zu der Berufung fand, Menschen zu heilen.

Glück hat viele Gesichter. Auch Schnäppchenjäger
beim Shoppen reden vom Glück, wenn sie etwas
günstig gekauft haben. Wenn ich Gartenarbeit ma-
che und bin gerade fertig mit dem Jäten und kurz
darauf geht ein kräftiger Regenschauer nieder, ja da
habe ich nochmal Glück gehabt, dass ich nicht nass
geworden bin.

Neulich im Edekamarkt habe ich nach dem Einkauf
meine Geldbörse an der Kasse liegen lassen. Als ich
nach einigen Stunden besorgt nach meinem Porte-
monnaie fragte, hat man es mir gegeben mit der
Bemerkung: „Ach, das kam schon öfter mal vor."
Ja, da habe ich wirklich Glück gehabt, dass ich
mein Geld mit sämtlichen Papieren und Scheckkarte
wiederbekommen hatte.

Auch einem anderen Menschen ein Lächeln zu schenken, ihn zu grüßen und dann ein Lächeln zurück zu bekommen, dies bedeutet ein Glücksgefühl für mich. In der heutigen Zeit ist man ständig verplant. Es wird aber auch erwartet, dass wir immer „gut drauf" sind. Nicht nur privat, sondern auch im Beruf werden Begeisterung und Lebensfreude von den Mitmenschen erwartet.

*Das Motiv im Alltag ist der Zwang
<u>positiv</u> zu sein.*

Kapitel 6

Das Gefühl

Als ich früher wegen meines Berufs als Verkäuferin auf einem Verkaufsseminar war, wurden wir „geimpft" dem Kunden das Paket Kaffee in die Hand zu geben, damit der Kunde es fühlen kann. Denn wenn der Kunde die Ware erst einmal in der Hand hält, ist sie schon halb gekauft.

Man kann aber auch einen Menschen fühlen, ohne ihn anzufassen. Man nennt das dann „übersinnliche Wahrnehmung". Meine beiden Töchter und ich fuhren vor einigen Monaten zum Shoppen. Die Mädels haben natürlich nach der neusten Mode geschaut und auch sofort etwas Tolles zum Anziehen gefunden. Nur ich war skeptisch, denn es sollte auch etwas Besonderes sein. Ich griff auch nach einem tollen modischen Kleid. Doch da meldete sich schon mein Gefühl. Mein Bauchgefühl sagte mir: „Lass es! Du suchst doch etwas, worin du dich wohlfühlst und was bequem ist!" Ja, also ließ ich es liegen. Aber ich fand schließlich noch etwas Schickes, was zu meinem Alter passte und was super bequem war. Gefühle steuern auch dein Wohlbefinden.

Ob du dich nun seelisch durch zu viel Kummer und Sorgen nicht wohl fühlst oder durch körperliche Beschwerden – alles wirkt sich auch auf das Gefühl aus. Leider ist es dann oft so, dass man dieses ungute Gefühl an anderen Leuten auslässt. Es ist für den anderen dann sehr schmerzhaft, denn er nimmt die unangenehmen Gefühle, die man ausstrahlt, sehr persönlich. Man kann fühlende Menschen erkennen:

1. Sie sind sehr empfänglich für die Gefühle anderer.
2. Sie geben sich aufrichtig und menschlich.
3. Sie sind anpassungsfähig und möchten am liebsten alle Menschen glücklich machen.
4. Sie vertrauen auf ihr Gefühl und fühlen sofort, wenn etwas nicht in Ordnung ist.

Das Bauchgefühl spricht aus dem Inneren.

Beim „medialen Fühlen" dient der Körper als eine übersinnliche Antenne. Menschen, die hellsichtig sind, sind besonders empfänglich für Gefühle. Ich selber bin vor einigen Jahren auf Betrüge hereingefallen, weil ich mein Bauchgefühl (ein unwohles Gefühl) verdrängt habe. Es sollte ein Computerlehrgang stattfinden, zu dem ich dann schriftlich meine Teilnahme bestätigt habe. Zwei Männer, die mir in meinem Haus erklärten, wie und wo der Lernkursus stattfinden sollte, wollten letztendlich 1.500 Euro von mir abkassieren. Einen Tag später ging ich mit dem Vertrag zum Rechtsanwalt. Ich hatte ein ganz schlechtes Gefühl und mein Gefühl hatte Recht. Ich kam aus dem Vertrag nicht mehr heraus, da sie sich auf meine Selbstständigkeit berufen haben. Hätte ich mich auf mein Baugefühl verlassen, wäre es nicht so weit gekommen und ich hätte 1.500 Euro gespart. Einige Wochen später habe ich einen neuen Start gewagt und einen seriösen Computerkurs gewählt und mein Gefühl sagte „Ja" dazu.

Kapitel 7

Loslassen

„Loslassen" gehört zum Alltag des Menschen. Es gibt wohl keinen Menschen, der solch eine Loslass-Situation noch nicht erlebt hat. Loslassen kann traurig sein, kann aber auch etwas Schönes hervorrufen! Auch der Tod hat etwas mit loslassen zu tun, denn er unterliegt nicht der Macht des Menschen. Es können Menschen sein, können aber auch liebgewonnene Tiere sein, die einfach zu der Familie gehören, die man irgendwann „gehen lassen" muss. Kinder suchen sich einen Job in einer weit entfernt liegenden Gegend. Oder Kinder heiraten und ziehen aus dem elterlichen Haus fort. Da gibt es viele Beispiele, da muss man loslassen.

Wenn liebe Menschen Angehörige oder Freunde plötzlich durch einen Unfall oder eine Krankheit den Tod finden, auch da muss man loslassen können, selbst wenn es schwer ist. Auch Schuldgefühle können an einem Menschen nagen, so dass er daran festhängt, sich immer wieder Vorwürfe macht und die Schuldgefühle nicht loswird.

In meine Praxis kam eines Tages eine gutausse-
hende Frau. Sie litt schon jahrelang unter Schlafstö-
rungen. Sie war auch bei mehreren Ärzten in Be-
handlung gewesen, doch vergebens. Ihr Körper war
voller Blockaden, vor allem im seelischen Bereich.
Nach der zweiten Sitzung erzählte sie mir aus ihrem
Leben. Sie hatte sehr viele Schuldgefühle. Kurz nach
ihrer Scheidung verstarb ihr Mann, sie fühlte sich
schuldig, da sie nicht bei ihm geblieben war. Dann
verstarb ihre Mutter, als sie gerade bei ihrer
Freundin im Urlaub war. Auch fühlte sie sich für
den Tod ihres Hundes verantwortlich, da sie ihn
ohne Leine hatte laufen lassen und er von einem
Auto überfahren wurde. Ja, die Schuldgefühle
plagten sie über Jahre. Ich gab ihr zu verstehen,
dass es kein Wunder sei, dass sie Schlafstörungen
hatte, irgendwo verwurzelt sich ihr Kummer und
setzt sich im Körper als Blockade fest. Diese Pati-
entin kam auch ein drittes Mal. Ich gab ihr keine
Reiki-Behandlung, sondern ich meditierte mit ihr.
Ich merkte, dass ihr das guttat und bestellte sich
noch einige Male zum Meditieren. Nach drei Mo-
naten konnte sie endlich wieder durchschlafen. Sie

war nicht mehr so traurig und wirkte auf mich eher fröhlich und gelassen. Sie wollte sich nun einen neuen Job suchen und wollte auch wieder ausgehen. Ja, da wusste ich, sie hatte es geschafft! Die Blockaden hatten sich gelöst und sie hatte losgelassen. Sie hatte ihre innere Freiheit wieder gefunden.

Auch rate ich vielen Menschen, die Probleme mit dem „Loslassen" haben, sie sollten sich ein Hobby suchen oder sich um Menschen kümmern, die Hilfe brauchen. Als ich noch in unserer Gaststätte sehr aktiv war und kaum Zeit für mich hatte, hat mir ein Bekannter aus unserem Ort aus heiterem Himmel eine Frage gestellt: „Hast Du überhaupt schon in Deinen Garten geschaut, welche Blumen dort blühen und welche Farben sie haben?" Diese Frage hatte ich mir sehr zu Herzen genommen. Schon am nächsten Tag sollte sich vieles ändern. Ich habe meine Arbeit, die mir fast alles Schöne genommen hatte „losgelassen" und habe mir mehr Freiheiten erlaubt! Ja, das hatte ich nur diesem Mann zu verdanken. Er hatte mir mit wenigen Worten die Augen geöffnet!

Loslassen heißt „leben", zu viele Sorgen und Gedanken halten uns davon ab, zu leben.

Sorgen um unsere Zukunft oder Gedanken um eine Person, mit der man nicht ganz im Reinen ist, halten uns vom wirklichen Leben fern.

Loslassen muss man im Herzen!

„Loslassen" bedeutet eine Veränderung, die wir nicht gerne vollziehen. Es kann auch eine Beziehung sein, an der man festhält, obwohl man weiß, dass diese Beziehung einem nicht mehr guttut. Dann muss man loslassen können und sich trennen.

Loslassen kann auch ein Glücksgefühl hervorrufen, eine Erleichterung bringen, denn wenn wir an etwas festhalten, kostet es uns nicht nur Kraft, sondern auch Nerven! Gläubige Menschen sagen: „Wir können nicht tiefer fallen, als in Gottes Hand!" Das

„größte Problem" beim Loslassen ist also unsere Ängstlichkeit."

Es ist auch sehr hilfreich einen Zettel mit Zeilen fertig zu machen und alles aufzuschreiben, was man loslassen möchte. Vielleicht sollte man sich auch Rituale suchen zum Krafttanken, es kann ein Platz in der Wohnung sein, ein Baum, ein Edelstein, den wir in die Hand nehmen. Denn wenn wir entdeckt haben, was uns guttut, fällt es uns und unserer Seele leichter loszulassen und gewinnen Vertrauen, Vertrauen zu uns selber und auch zu anderen. Auch sollten wir auf unseren Körper achten. Es können beim Festhalten viele Verspannungen im Körper auftreten. Es lohnt sich also, in sich hinein zu fühlen. Auch das Herz und unser Atem können aus dem Rhythmus kommen. Das Festhalten an etwas nimmt unserem Körper die Energie weg, also: „Beobachten und loslassen!"

Es gibt viele Menschen, die mit sich ins Reine gekommen sind und ein völlig neues Leben beginnen, sei es mit einem neuen Partner, ein Wechsel des Lebensortes oder die nach schwerer Krankheit ein gesünderes Leben beginnen. Es sind Menschen, die gut loslassen konnten und nun alles hinter sich las-sen. Man begreift auf einmal, dass man den richti-gen Weg gefunden hat! Man könnte es eine neu ge-wonnene „Freiheit" nennen!

Kapitel 8

Feinfühligkeit

Feinfühligkeit hat etwas mit sensibel sein zu tun. Sensible Menschen sind oft feinfühlig. Sie sind empfindsam und reagieren auch auf feinstoffliche Materialien, die in der Luft liegen. Auch reagieren sie mit Wetterfühligkeit. Im Allgemeinen sind wir alle empfindlicher für Verletzungen und negative Gefühle als für positive Gefühle. Wahrscheinlich weil uns das Positive bestärkt, das Negative uns jedoch erschüttert, sogar als bedrohlich empfunden wird.

Ich fördere meine Feinfühligkeit, indem ich innehalte und alles um mich herum ausblende. Dann kann ich mein Kraftzentrum wieder spüren. Vielleicht spricht man auch ein kleines Mantra dazu. Dies geht immer, auch wenn man im Alltag sehr beansprucht ist. Es liegt immer in unserer Hand, ob wir den Alltag friedlich oder stressig erleben. Manchmal sagt Dein Gefühl auch: „Heute muss ich etwas für meine Gesundheit tun!" Denn du merkst im Inneren deines Körpers, dass du ihm etwas Gutes tun musst und das beruht auf deiner Feinfühligkeit.

*Je mehr der Mensch einen harmonischen Energie-
fluss herzustellen vermag, umso mehr
Lebensenergie wird er spüren. Sind alle seine
Energien im freien Fluss, so ist der Mensch gesund!
Einige Menschen reagieren auch feinfühlig auf
Farbe: Blau und Rosa zum Beispiel wirken
beruhigend, Rot wirkt eher anregend und das
warme Gelb spricht für Heilung und Erleuchtung.
Schon früher im Mittelalter dienten Farben zur
Heilung. Auch Edelsteine mit ihren Farben haben
ihre Heilwirkung. Auch Aura-Soma ist etwas für
feinfühlige Menschen. Aura-Soma ist eine
ganzheitliche Therapie, in der die heilenden
Energien von Farben, Pflanzen und Edelsteinen ge-
nutzt werden. Diese Farb-, Pflanzen- und Edelstein-
substanzen kann man in Flaschen kaufen.*

*Mit seinem Geruchssinn kann man jede Farbe ge-
nießen und spüren. Spricht man über „feinfühlige
Stoffe", so ist die Aura eines Menschen damit ge-
meint. Dieser feinfühlige Stoff ist ganz nah um unseren Körper herum. Deswegen spüren gerade im
Reiki ausgebildete Menschen, ob sein Gegenüber*

rein ist oder ob eine Krankheit in ihm steckt. Auch Tiere sind sehr feinfühlig. Hunde zum Beispiel halten sich nur in einer Umgebung auf, in der gute Energien sind.

Feinfühligkeit hat auch etwas mit dem sechsten Sinn zu tun. Solche Menschen spüren im Voraus, was geschehen wird. Einige Menschen sind auch sehr wetterfühlig und wissen schon einige Tage vorher, wie das Wetter in den nächsten Tagen sein wird.

Durch Meditation kann man das Gefühl auch lenken und die Feinfühligkeit erlernen. In tiefer Entspannung, nahe der Schlafgrenze, wird automatisch die Ebene unserer Gefühle frei gesetzt. Je tiefer die Entspannung und je „stiller" unsere Gefühle und Gedanken sind, desto stärker können wir Einfluss auf unsere Feinfühligkeit nehmen.

Kapitel 9

Erfolg

Einige Menschen werden mutlos, wenn sie keinen Erfolg haben. Sie brauchen den Erfolg zum täglichen Leben. Es kann beruflich oder privat sein, sie brauchen die Anerkennung und das Lob wie andere Menschen das tägliche Brot.

Aber was steckt dahinter? Sind es Power-Menschen, die an sich selber diese Ansprüche stellen? Oder möchte man jemandem, den man (gut) kennt, der Freundin, den Kindern oder dem Partner etwas beweisen? Jeder Mensch hat Visionen und wenn sie dann in Erfüllung gehen, ist dies ein besonderer Erfolg. Manchmal muss man sich selber auch verändern und den Organismus auf „Ja" umstellen, damit es einem gelingt, seine Ansprüche zu erfüllen oder erfüllt zu bekommen. Alte Gewohnheiten, die an einem hängen wie Kletten, sollte man loslassen und Veränderungen zulassen.

Menschen, die an sich selber zweifeln und alles nur von der negativen Seite sehen, werden nie zum Erfolg kommen. Erfolg hat auch etwas mit „Wollen" zu tun. Wenn jemand einen bestimmten Vorsatz hat, versucht er ihn durchzusetzen, denn es steht ein starker Wille dahinter. Eine meiner Freundinnen ging in ein Kaufhaus und stieß dort mit einer Frau zusammen, die total nervös und voll mit Tüten und Taschen bepackt war. Sie entschuldigte sich und erklärte, sie habe nicht viel Zeit und müsse sich beeilen, da sie eine kranke Mutter zuhause habe. Diese sei pflegebedürftig und sie suche ganz dringend eine Frau, die tagsüber, wenn sie arbeite, ihre Mutter betreuen kann. Meine Freundin dachte, das wäre eine Gelegenheit für sie, da sie ja schon lange einen Job suchte. Sie fragte die hilfesuchende Frau gleich nach der Adresse und bot ihr ihre Hilfe an. Ja, es klappte und sie konnte schon gleich am nächsten Tag mit der Arbeit beginnen!

Es war eine Erfüllung oder Bestätigung dieser Vision, man kann es auch einen „kontrollierten Zufall" nennen. Man muss einfach wach sein in allen Lebenssituationen. In diesem Fall war es eine Zu-

fallsbekanntschaft, durch die meine Freundin zum Erfolg kam.

Ich möchte aber auch darauf hinweisen, dass Erfolg nicht immer glücklich macht. Es kann zu viel des Guten werden und dadurch auch seelische und körperliche Verletzungen verursachen. Jeder Mensch ist für sich selber verantwortlich und sollte auf seinen Körper und seine Körpersprache achten! Erfolg darf nicht in Stress ausarten, da man sonst den Erfolg nicht mit Freude annehmen kann.

Auch ich hatte schon des Öfteren „Stress-Erfolge", da half mir dann die Herzatmung, die Mitte der Brust, das Zentrum der Gefühle. Die Herzatmung ist das „Aspirin des positiven Denkens", (ist jederzeit anwendbar und hilft immer).

Erfolg gehört zum täglichen Leben. Wenn Kinder klein sind, werden sie für viele kleine Dinge gelobt. Auch Hundebesitzer sollten ihren Hund für eine Sache, die er gut gemacht hat, ordentlich loben und sich mit ihm freuen. Für Mensch und Tier ist dies auch ein Erfolg. Erfolg hat also viel mit Lob zu tun,

mit Affirmation und positivem Denken. Erfolg be-
wirkt immer einen Veränderungsprozess!

Kapitel 10

Energie

Es gibt Menschen, die strotzen vor Kraft und Energie und es gibt Menschen, die schnell erschöpft und müde sind. Viele Leute nehmen auch Nahrungsergänzungsmittel ein, damit sie mehr Power bekommen.

Wird der Mensch krank, zieht er sich zurück, um wieder neue Energie aufzutanken. Es gibt viele Möglichkeiten sich selber zu helfen und Kraft zu bekommen: Yoga, Meditation, Reiki, Qigong und einige andere.

Einige Menschen schaffen sich auch einen gemütlichen Platz, um in Ruhe ein schönes Buch zu lesen. Andere brauchen Urlaub, um abschalten und neue Kraft tanken zu können. Auch Gebete können zu einer Heilkraft verhelfen. Schon in der Bibel heißt es: „Bittet, so wird euch gegeben; suchet, so werdet ihr finden; klopfet an, so wird euch aufgetan." Da hilft der Glaube, der Glaube an die Heilkraft und der

Glaube an sich selbst. Auch Rituale helfen. Da gibt es sehr viele Dinge, die man machen kann, zum Beispiel eine Spirale tragen oder ins Zimmer hängen.

Einige Menschen – so wie ich auch – schwören auf die Heilkraft der Steine. Große Amethystdrusen zum Beispiel, aufgestellt in einem Zimmer, bewahren den Raum vor schlechter Energie. Sie saugen die schlechte Energie auf und spenden gleichzeitig Kraft und Energie. Auch Edelsteine und Steinschmuck kann man in einen Raum legen, damit sie sich entladen und gleichzeitig wieder neu aufladen.

Trägt man einen Bergkristall, so spürt dieser Blockaden auf und gibt dem Träger gleichzeitig Kraft. Es gibt auch Heilsteine mit Spitzen, die man, je nach Farbe, auf die Chakren legt. Zeigt die Steinspitze, die auf dem Körper liegt, nach unten, so fließt die schlechte Energie aus dem Körper, zeigt sie nach oben, so bekommt man Energie. Auch tragen einige Menschen einen kleinen oder mehrere Steine in der Hosentasche. Dies ist dann ein Schutz für die Aura. Eine unterbrochene Aura kann somit ganz geheilt werden.

Heilen heißt Leben

Halbedelsteine und Edelsteine sind sehr gute Helfer in allen Lebenslagen. Eine Wüstenrose auf dem Nachttisch zum Beispiel verhindert Schlafstörungen, sie wirkt beruhigend auf das vegetative Nervensystem und man sollte sie dort aufstellen, wo man sich am längsten aufhält.

Aber zurück zur Heilkraft. In meinem Bekanntenkreis gab es zwei Frauen, die an Brustkrebs erkrankt waren. Eine hatte einen Mann und zwei halbwüchsige Kinder. Die andere hatte einen Mann und keine Kinder. Die Bekannte, die einen guten Mann und Kinder hatte, wurde von ihrer Familie liebevoll umsorgt und sie setzte alles daran, wieder gesund zu werden. Die Heilkraft war so stark, dass sie wieder gesund wurde.

Die andere Bekannte war nicht so gut dran. Der Mann hatte sie verlassen, da er mit ihrer Krankheit nicht gut umgehen konnte. Sie bekam keine Liebe mehr und sie hatte keinen Lebenswillen mehr. Deshalb hatte sie auch keine Heilkräfte mehr und verstarb. Es war alles sehr traurig.

Einen ganz anderen Wert haben auch Tiere, Pflanzen und Bäume. Besitzt man ein Haustier, findet ein Geben und Nehmen statt. Schenkt man diesem Tier viel Liebe und Zuneigung, so bekommt man dies auch zurück in Form der Heilkraft. Auch Bäume geben viel Kraft. Viel zu selten suchen wir die Nähe eines Baumes, an den wir uns anlehnen können oder den wir umarmen. Konzentrieren wir uns nun auf diesen Baum, dann werden wir seine Kraft spüren und in uns aufnehmen!

Wer bereit ist, sich der Göttlichen
Kraft zu öffnen, macht den
Heilungsweg frei!

Kapitel 11

Ängste

Das Leben ist voll mit Ängsten. Ich glaube, es gibt keinen Menschen, der nicht schon mal Angst hatte. Es gibt vor allem:

Die Angst vor dem Alleinsein.

Die Angst vor Schmerzen.

Die Angst vor dem Sterben.

Die Angst vor der Zukunft.

Die Angst vor Verantwortung.

Es gibt ein Sprichwort aus China: „Angst klopfte an, Vertrauen öffnete – keiner war draußen."

Angst kann man nur überwinden, indem man sie versteht und dann lernen kann, um sie zu bewältigen.

Meine kleine Geschichte von meinem Mathelehrer: Ich war im 3. Schuljahr, in dem Klassenzimmer waren vier Schulklassen zusammen und es war manchmal sehr laut. Die Lehrer hatten Last, uns zur Ruhe zu bringen. Unser Mathelehrer war sehr streng. Er zog gleich den Stock, wenn einer der Jungs keine Schularbeiten gemacht hatte und dann bekam er den Stock auf den nackten Händen zu spüren. Wir Mädchen heulten gleich los, wenn er auf eine von uns zukam. Wenn ich von ihm etwas gefragt wurde, bekam ich vor lauter Angst kein Wort heraus, denn ab und zu klatschte seine Hand auch bei den Mädchen ins Gesicht. Es war schrecklich. Viele Eltern beklagten sich auch beim Rektor. Aber was sollte er auch gegen unsere Ängste machen? Jetzt im Alter gibt es bei nicht viel Angst, da ich alles sehr positiv zu sehen versuche.

Angst kann man durch Meditation besiegen und vor allem verstehen, dass man die Angst loslassen muss. Auch eine positive gutgehende Partnerschaft kann einem die Angst nehmen. Natürlich kann eine Partnerschaft auch Ängste verschlimmern oder sie erst auslösen. Wenn es so ist, dann sollte man sich schnell von dem Partner lösen.

Angst verstehen und Angst überwinden sind eins, denn wenn wir die Angst verstehen, könnte sie sogar *zu unsrem Freund werden, sie schützt uns! Viele Leute, die mit Ängsten zu kämpfen haben, suchen sich auch ein Hobby, zum Beispiel die Malerei. Hierbei kann man die Angst einfach wegzeichnen, dem Gefühl freien Lauf lassen. Es ist harte Arbeit, die sich aber lohnt. Da man Angst auch mit Herzklopfen und Schweißausbrüchen kennt, fürchtet man nicht die Dunkelheit, sondern das Licht!*

Bewusstes Leben, machen, was einem gefällt, Sonnenstrahlen genießen, Entspannungspausen, Kraft tanken in der Natur, eben sich Gutes tun, das alles trägt dazu bei, die Angst zu besiegen!

In meinen Reiki-Seminaren versuchen die Teilnehmer Blockaden zu lösen. Blockaden sind Ängste, die sich den Chakren des menschlichen Körpers festgesetzt haben. Es sind schlechte Energien, die man im Laufe der Zeit durch Ängste und Depressionen bekommt. Man nennt es dann auch eine „chronische" Krankheit. Dies kann man alles besiegen, wenn man den Mut zur Veränderung hat. Wir haben gelernt stark zu sein, durchzuhalten, keine Angst zu zeigen und wurden als Kinder dafür belohnt. Die Beloh-

nung sollte man sich selber im Alltag gönnen, damit man „die Sonne sieht“, damit man Freude am Leben hat.

Die Freude ist das Unglück, Mut das Glück und die Furchtlosigkeit.

Kapitel 12

Selbstbewusstsein

Selbstbewusstsein fängt im tiefen Inneren bei uns an. Es kommt auf die Ausstrahlung und auf das Wohlbefinden unseres Körpers an. Fühlt man sich ringsum wohl, damit meine ich auch ein reines Gewissen, wenn man also nichts zu verheimlichen hat, so zeigt man sich nach außen. Der Mensch hat dann ein sicheres Auftreten und hat kein schlechtes Gewissen anderen gegenüber. Also ist er selbstbewusst, er hat ein selbstbewusstes Auftreten. Man erkennt selbstbewusste Menschen an ihrem Auftreten, sie strahlen von innen heraus, sind freundlich zu Menschen und zu Tieren.

Einige Menschen sagen: „Ich bin nicht selbstbewusst, weil ich nicht schön bin." Schönheit ist relativ. Die einen finden ein Gesicht mit Krähenfüßen und Sommersprossen schön und interessant, die anderen wieder die Beine, Haare und den Busen. Man kann sehr vieles an einem Menschen schön finden, auch dessen Charakter. Das Wichtigste ist aber, dass man sich selber schön findet, sich selber liebt

*und überwiegend positiv denkt. Wenn du denkst:
„Keiner liebt mich, ich bin hässlich!", zieht es das
Schlechte an und du wirst immer unglücklicher.
Sage zu dir selbst: „Ich bin schön und ich habe
Glück mit allen Dingen, die ich tue.", dann ist es
auch so und du ziehst das Gute an. Aber tue das
nicht erst morgen oder übermorgen, nein – jetzt
sofort. Du wirst sehen, wie schnell sich deine
Gedanken verändern und einige auch in Taten
umsetzen lassen.*

*Es ist auch gut, neugierig auf andere Dinge zu sein,
sei aufmerksam und suche dir ein Hobby, was dir
wirklich Spaß macht und dir guttut. Dies alles hebt
auch dein Selbstwertgefühl. Auch Kummer, Sorgen
und Stress werfen das Selbstbewusstsein zurück.
Gehe Dingen aus dem Weg, die dir nicht guttun!
Sorge dich nicht und vertraue deinem Herzen!*

*Einige Menschen denken, wenn sie reich sind, viele
Wertsachen und viel Geld haben, erst dann können
sie selbstbewusst sein. Reichtum fängt aber bei sich
selber an, indem man sich selber liebt und ehrlich*

zu sich selber ist. Ohne dies hat man kein richtiges
Selbstbewusstsein!

Kapitel 13

Heilung

Der Glaube kann Berge versetzen. Es ist eine große Macht in uns. Es ist eine Vision und Dein Glaube sagt intuitiv: Es ist richtig, was Du machst! Glaubst Du daran, so wirst Du Erfolg haben.

Alle Krankheiten werden durch blockierte Energien verursacht. Ist der Mensch glücklich, so strömt durch seinen Körper heilende Energie. Es gibt viele Arten von Heilen: Die Schulmedizin, Homöopathie, Naturheilmedizin, Reiki (Selbstheilungskräfte aktivieren), Yoga (zur Ruhe kommen), Meditationen aller Art und noch vieles andere.

Widmen sich Menschen dem spirituellen Heilen, so lassen sie sich ganz auf das Göttliche ein. Es braucht einen Heiler oder eine Heilerin, der oder die eine komprimierte Energie führt, also praktisch weitergibt, so dass alles besser fließt. Die kranke Person empfängt die Energie dort, wo der Körper sie am meisten braucht und dann können wahre

Wunder stattfinden. Für einen Heiler ist es eine große Befriedigung und eine große Freude, wenn er Erfolg hat und Menschen helfen kann.

Als ich mit dieser Berufung zu heilen anfing, hatte ich zuerst immer Angst, dass ich es nicht schaffen würde. Aber – wie gesagt – nur am Anfang. Ich schaltete mein Denkvermögen um und sagte zu mir: „Rosi, Du schaffst das!" Ja, zu 90% klappte es auch. Heute weiß ich, man muss an sich selber glauben und darf nie an sich selber zweifeln. Wenn es sehr schwierige Fälle sind, bi denen auch die Schulmedizin versagt hat, liegt es meistens am Patienten selber und man hat als Heiler auch nicht viele Chancen. Der Patient müsste vor allem seine Denkmuster umstellen, sein Leben umstellen in Sachen Ernährungsweisen und Einstellungen anderer Menschen gegenüber, wie z. B. Hass, Groll, Missgunst und Habgier. Angebracht wäre „Liebe", mit sich selber zufrieden sein, anderen Menschen gegenüber freundlich sein, zuhören und verständnisvoll sein. Vielleicht bringt es den Patienten dazu geduldiger mit sich und anderen zu sein.

Auch das Annehmen einer Krankheit bringt einen eher zur Genesung als alles abzulehnen und sich gegen die Krankheit zu wehren. Heilung findet statt, wenn die Blockaden in frei fließende Energie umgewandelt werden. Alle Krankheiten werden durch blockierende Energien verursacht. Ist man glücklich, sorgenfrei und mit seinem Leben zufrieden, so reagieren die Zellen im Körper mit Gesundheit.

Wunder sind Signale, dass Du Dich auf dem richtigen Weg befindest!

Kapitel 14

Wunder

Wunder sind Signale aus dem Universum. Oft sind es Hinweis, dass Du Dich auf dem richtigen Weg befindest. Man sagt, menschliche Zufälle gäbe es nicht. Es sind Wege, die Gott lenkt, damit man „seine Bestimmung" erfüllen kann. Einige Leute glauben nur an Tatsachen und glauben nicht an Wunder. Sie glauben nicht daran, weil ihnen in ihrem Leben noch nie ein Wunder widerfahren ist.

Ich selber habe schon viele Wunder erlebt und muss sagen, man sollte sich nicht scheuen das höhere Selbst oder Gott um Hilfe zu bitten. Auch Engel als Boten Gottes können helfen oder aufgestiegene Meister. Man muss sie nur um Hilfe bitten. Da immer mehr Menschen Zugang zum Göttlichen haben, löst dies eine Energie aus und es können Wunder geschehen. Auch die richtige Lebensaufgabe zu finden ist wie ein Wunder.

Es gibt ein Sprichwort: „Ich suche nicht, ich finde etwas." Es heißt auch: „Liebe Dich selbst und Du veränderst Dein Leben." Das hat auch mit „Annehmen" zu tun. Nimmt man seinen Körper so an wie er ist, so wird man leichter abnehmen, wenn man das möchte.

„Lerne mit dem Herzen zu hören, um auch die kleinen Wunder zu sehen", sagt Buddha. Es stimmt: Wir dürfen nicht vergessen dankbar zu sein, wenn wir diese kleinen Wunder erleben. Dankbarkeit zieht Positives in unser Leben hinein. Haben wir positive Gedanken, so zieht dies bleibende Energie an und wir treffen bessere Entscheidungen. Es sind oft auch im Alltag die kleinen Dinge, die uns wie ein Wunder vorkommen, z. B. das erste Lächeln eines Babys, die ersten Gehversuche eines kleinen Kindes oder die Genesung von Menschen und Tieren. Wunder geschehen immer, man muss sie nur sehen!

Konzentriere Dich auf das, was Du willst, und Du wirst es bekommen.

Kapitel 15

Du bist, was du denkst

Viele Menschen haben bestimmte Gedankenmuster. Einigen gehen negative Gedanken und anderen wieder positive Gedanken durch den Kopf. Wenn jemand nur immer denkt, es gehe ihm schlecht, so wird es ihm auch schlecht ergehen. Gute Gedanken hat was mit positivem Denken zu tun und der Gedanke krank zu werden liegt weit zurück. Das ist auch gut so, denn dann ist der Mensch gesund.

Wer an seiner Persönlichkeitsentwicklung interessiert ist, eine glückliche Beziehung, Wohlstand und Erfolg im Beruf haben möchte, der muss seine Gedanken im Hier und Heute abspielen lassen. Er darf nicht denken: „Ich werde…" oder „was wäre, wenn…", sondern er muss immer zu sich selber sagen: „Ich bin" und „ich habe!" Man muss seine Wünsche im Jetzt geschehen lassen, indem man zu sich selber sagt: „Ich bin gesund, ich bin reich und ich habe Erfolg." Ein Mensch, der ständig denkt: „Oh, wie arm bin ich", wird immer ärmer werden.

Oder er denkt: „Oh, wie krank bin ich nur", dann wird er noch kränker werden.

Als ich Schülerin war, hatte ich immer das Bedürfnis eine gute Schülerin zu sein und ich sagte zu mir selbst: „Rosi, Du bist eine gute Schülerin!" Dann war es auch so. Man muss aber an sich selber glauben!

Statistiken behaupten, dass 70 bis 90% der Krankheiten psychosomatisch bedingt sind. Es sind Menschen, die emotional chronisch krank bleiben, weil sie nicht wissen, wie sie ihre Gedankenmuster ändern können.

1. Konzentriere Dich auf Deine Bedürfnisse und Wünsche.

Erzwungene Konzentration ist das, was Dir keinen Spaß macht, es interessiert Dich nicht, es ist etwas, was Du meinst tun zu müssen. Es holt Dich nach und nach wieder in den alten Trott zurück.

Als ich Schülerin war, hatte ich immer das Bedürfnis eine gute Schülerin zu sein und ich sagte stets zu mir selbst: „Rosi, Du bist eine gute Schülerin!"

Dann war es auch so. Man muss eben an sich selber glauben!

2. Konzentriere Dich auf Dich selbst und nicht auf andere.

Natürlich sollst Du Deinen Nächsten lieben, aber mach Dir um Freunde nicht so viele Sorgen, denn es wird Dir Deine Energie rauben. Auch bei mir in der Praxis ist es so. Man versucht sein Möglichstes, um zu helfen, gibt viele Ratschläge und hofft, dass der Mensch genesen wird. Doch wenn der Patient aus der Tür geht, muss der Fall für den Behandler abgeschlossen sein.

Kapitel 16

Vertrauen

Jemandem Vertrauen schenken, ist eine ganz große Sache und etwas ganz Individuelles. In einigen Situationen sind wir unserem Vertrauen ausgeliefert. Man sagt: „Bevor man sich anderen Menschen anvertraut, muss man zu sich selber Vertrauen haben und sich selber mögen mit allen Stärken und Schwächen." Auch zu dem Ehepartner oder Lebenspartner haben wir Vertrauen, indem man sich alles erzählt und auch vieles gemeinsam macht. So sollte es jedenfalls sein. Dazu fällt mir ein Satz ein: „Wenn Du geliebt werden willst, dann liebe!" Und zur Liebe gehört Vertrauen!

Einige Menschen im mittleren Alter, die eigentlich fast alles erreicht haben, aber doch noch Pläne für die Zukunft haben, sagen zu sich: „Das kann in meinem Leben doch noch nicht alles gewesen sein!" Sie sind noch voller Erwartungen, haben Pläne, sich aber nicht getraut, diese Pläne und Vorstellungen wahr zu machen! Diese Menschen haben einfach kein Vertrauen zu sich selbst. Jeder Mensch hat Vorbilder oder Idole, man bewundert den Menschen, der es geschafft hat, sich zu präsentieren. Er hatte eben einen starken Willen und großes Selbstvertrauen.

„Bestimmte Dinge zu tun macht mir Angst."

„Eine Veränderung kommt nicht in Frage."

„Ich habe Angst vor Niederlagen."

„Rundum habe ich ein Gefühl von Hilflosigkeit."

Vertrauen ist wie eine Mutter im Herzen

Einige Menschen, die kurz vor einer Prüfung stehen, werden auf einmal mutlos und haben Angst. Es fehlt ihnen an Selbstvertrauen und sie schmeißen dann plötzlich alles hin. Auch Menschen, die sich schlecht oder gar nicht zu etwas entschließen können, sind arm dran, sie haben kein Vertrauen zu sich selbst und Angst, die falsche Entscheidung zu treffen.

Es gibt auch Tage, an denen es einem leicht fällt, Entscheidungen zu treffen, z. B. wenn man gerade ein schönes Erlebnis hatte oder von Angehörigen oder Freunden ein dickes Lob bekommen hat. In einigen Situationen wird schnelles Handeln gefordert, dazu gehört auch viel Selbstbewusstsein. Es gibt auch Menschen, die schon viel Neues ausprobiert haben und nun mutlos geworden sind. Sie sage zu sich: „Immer, wenn ich gerade auf dem Höhepunkt des Erfolges war, kam auch ganz schnell der Abstieg!" Sie trauen sich dann nichts Neues mehr zu!

Hoffnung steht immer wieder auf

Kapitel 17

Gelassenheit

In der heutigen Zeit, in der überall Hektik und Stress angesagt ist, ist es nicht einfach, gelassen und ruhig zu werden. Selbstvertrauen ermöglicht uns gelassen zu reagieren. Wir werden gesünder und ausgeglichener, weil wir unsere Kräfte nicht irgendwie vergeuden, sondern sie bewusst einsetzen.

Es sind manches Mal einfache Dinge im Leben, die uns nervös machen, die Unpünktlichkeit des Partners, unverhoffter Besuch, Handtasche oder Geldtasche vergessen, das Warten in der Arztpraxis oder eine bevorstehende Prüfung. Es gibt noch viele andere Sachen, die man aufzählen könnte. Mit den Jahren wird man wahrscheinlich ruhiger, da man in all den Jahren des Lebens und viele Erfahrungen gesammelt hat und weiß, was geht und was nicht! Viele Dinge, über die wir uns früher aufgeregt haben, können wir heute belächeln.

Was auch sehr beruhigend ist, ist das Berühren. Wenn jemand zu mir in die Praxis kommt und sehr unruhig ist, beruhige ich ihn zuerst, indem ich eine Hand auf die Schulter lege und mit der anderen am Handgelenk festhalte. Das wirkt Wunder!

Auch Hobbies wie Bilder malen, fotografieren, Bücher schreiben und ähnliche Tätigkeiten wirken beruhigend, man bekommt plötzlich eine Vision und setzt ungeahnte Kräfte frei.

Kraftorte geben neue Energie und Kraft. „Wie sieht denn so ein Kraftort aus?", werden sicher einige Leser fragen. Man kann sich einen Kraftort selber einrichten, indem man im Garten einen gemütlichen Platz aussucht und um diesen Platz herum einen Steinkreis setzt. Im Grunde genommen ist jeder Platz, an dem man Energie tanken und sich wohl fühlen kann, ein Kraftort. Du bekommst eine Vision, wie Du sein willst, und motivierst Dich, Erfolg zu haben. Es hilft Dir schneller zu unterscheiden, was gut oder was schlecht für Dich ist. folge Deiner Vision und Du wirst sehen, sie löst immer was Neues in Dir aus!

Wenn Du gelassen bist, wirst Du kein Opfer mehr sein!

Was viele Menschen nicht erkennen, ist, dass man mit Ruhe und Gelassenheit viel schneller ans Ziel kommt als mit Hektik und Zeitdruck. Es ist wichtig, sich jeden Tag auf diesen zu konzentrieren, damit man an jedem Tag etwas erledigen kann und nicht alles aufschiebt. Wenn Du etwas Größeres erledigt hast, darfst Du Dich auch dafür belohnen. In welcher Art und Weise, das musst Du selber wissen!

Kummer und Sorgen, die sich immer wieder aufs Neue in unserem Kopf drehen, bringen uns ständig aus dem Gleichgewicht und man wird alles andere als gelassen. Du kommst erst zur Ruhe, wenn Du Ordnung in Deine Gedanken bekommen hast und dann musst Du diese Gedanken auch loslassen können! Das ist uns meistens nicht so bewusst. Das größte Problem ist, dass wir zu viele Gedanken im Kopf haben, über alles Mögliche nachdenken und die eigenen Bedürfnisse zurück stellen. Meditation verhilft uns zu innerer Ruhe, man bekommt Kraft und einen klaren Geist.

Kapital 18

Zufall oder Bestimmung?

Viele Menschen glauben an Zufälle, die ihnen im Leben passieren, andere sagen: „Das ist pure Bestimmung!" Einige Leute sprechen ganz offen über ihre Geburt, ihr Leben und über den Tod. Sie sagen sogar, der Tod sei vorbestimmt, das Jahr, der Monat, der Tag.

Vor einigen Tagen hatte ich ein Erlebnis mit einem Heilstein. Mein Rücken machte sich am Abend wieder bemerkbar und da nehme ich immer wieder meinen Heilstein, einen Labadorit. Am Tage stecke ich ihn dann in die Hosentasche und nehme ihn des Öfteren in die Hand. Zur Nacht lege ich ihn unters Kopfkissen. Der Labadorit linderte meine Rückenschmerzen, ich war dankbar und bewahrte ihn gut auf. Und doch hatte ich ihn bald aus den Augen verloren, er war einfach nicht mehr auffindbar! Ich wollte mir schon einen neuen Stein kaufen, da kam eine Freundin aus dem Urlaub und ich staunte: Sie hatte mir einen großen Labadoritstein aus Polen mitgebracht. Meine

Freundin wusste nicht, dass ich meinen Stein verloren hatte und somit war die Freude doppelt so groß. Sie sagte, sie habe ihn ganz intuitiv ausgesucht. Mein Mann sagte: „Das ist aber ein Zufall!" Ich sagte: „Das war Bestimmung!"

Der Mensch hat hier auf Erden eine Aufgabe zu erfüllen. Einige wissen es im Voraus, anderen fällt es erst später auf, wenn sie eine gute Tat vollbracht und Menschen dabei glücklich gemacht haben. Meine Eltern zum Beispiel wollten immer, dass ich beruflich etwas mache, wovon sie Nutzen hätten. Zum Glück kam eines Tages unsere Nachbarin und erzählte, dass sie so schnell wie möglich eine Verkäuferin brauche und so trat ich die Arbeitsstelle an. Mein Bruder wollte Bürokaufmann werden, aber er wurde Maurer und baute für meine Eltern ein schönes Haus. Es war also auch eine Bestimmung.

Alles wird gut und wenn es nicht so ist,
bedeutet es (auch) nicht das Ende.

Ich mache ganz oft Bekanntschaften, bei denen ich hinterher erkenne, dass sie für mich wichtig sind, weil ich von diesen Menschen etwas lerne. Auch bei meiner heutigen Arbeit bin ich mit Leib und Seele dabei, weil ich spüre, dass es meine Bestimmung ist, Menschen zu helfen und zu heilen. Es gibt im Leben immer Schwierigkeiten, aber es gibt auch immer Wege, wie man früher oder später diese Hürden, überwindet. Auch das ist im Leben vorbestimmt, dass man viel erledigen und erarbeiten muss.

In unserer Nachbarschaft wurde ein Haus verkauft und alle fragten sich, wer wohl als Nächster dort einziehen würde. Es kam eine Arztfamilie aus Tunesien mit vier Kindern. Ein Übernachbar regte sich darüber auf: „Ausländer in der Nachbarschaft, was für eine Schande", sagte er zu jedem, der ihm zuhörte. Doch eines Tages war der Übernachbar alleine zuhause. Seine Frau und seine Tochter waren verreist. Plötzlich sah ich vor seinem Haus einen Krankenwagen stehen. Ich ging dorthin und sah, dass unser neuer Arzt den Übernachbarn versorgte. Ich fragte, ob ich helfen könne und was passiert sei.

Der Arzt sagte halb auf Deutsch, halb auf Tune-
sisch, dass der Mann wohl einen Schlaganfall erlit-
ten habe. Er rief sofort einen Krankenwagen und
leistete ihm Erste Hilfe. Später erfuhr ich, dass der
Übernachbar diesen Schlaganfall nicht überlebt
hätte, wäre der Arzt nicht sofort zur Stelle gewesen.
Also war es wohl so bestimmt, dass unser kritischer
Übernachbar nochmal gerettet wurde. Und diese
Rettung hatte er dem tunesischen Arzt zu verdanken!

Kapitel 19

Sinn des Lebens

Der Sinn des Lebens bedeutet eigentlich nicht viel mehr als Zufriedenheit! Einige Menschen schwören auf materielle Dinge wie Autos, schöne Möbel, schicke Kleidung oder tolle Partys. Andere Menschen suchen ihr Leben lang, sie suchen nach dem Sinn des Lebens. Sie heiraten, gründen eine Familie und fragen sich dann: „War das schon alles?" Sie suchen und suchen und wissen nicht, dass es nur darum geht, ein Leben in Zufriedenheit zu führen. Viele Menschen halten an materiellen Dingen fest, um glücklich zu sein. Aber Dinge bedeuten nur eine vorübergehende Befriedigung und nach einer gewissen Zeit fangen sie wieder an zu suchen. Es gibt keinen höheren Sinn als glücklich zu sein! Gesundheit spielt dabei auch eine ganz große Rolle, denn was nützt dir der ganze Reichtum, wenn du krank bist. Wer krank ist, kann nicht glücklich sein und wenn er es doch meint, macht er sich und anderen etwas vor.

Wie man innerlich ist, so erlebt man auch seine Außenwelt.

*Tatsächlich gibt es Menschen, denen im Leben alles
gelingt. Sie haben einen Job, der sie zufrieden
macht und privat leben sie in Harmonie und voller
Glück. Alles, was sie sich vornehmen, scheint zu ge-
lingen und jede Aktivität ist erfolgreich. Jeder kennt
solche Menschen und man beneidet sie ein wenig.
Dann gibt es eben wiederum Menschen, denen an-
scheinend alles misslingt. Sie suchen nach dem
Traumprinzen und finden doch immer nur den
Frosch. Auch im Job misslingt ihnen fast alles. Sie
suchen ewig nach dem Sinn des Lebens, sie finden
einfach nicht das Glück und die Zufriedenheit.*

*Unser ganzes Leben lang sind wir empfänglich für
die Kraft unserer Gedanken. Sie sind die Quellen
unserer Realität. Einige Menschen leben aber auch
in einer Vision und halten sich an ihr fest. Sie leben
dann in einer Traumwelt, in der sie den Sinn des
Lebens suchen. Die täglichen Aufgaben holen sie
aber aus ihrer Traumwelt zurück.*

*Das Gegenstück zu „Leben" heißt Stillstand und
Gleichgültigkeit. Bewegung heißt auch Veränderung
und Veränderung heißt auf etwas Gutes und Neues
hoffen, helfen, den Sinn des Lebens zu finden! Alles,*

was der Mensch ist, hat er selbst herbeigeführt. Der Sinn des Lebens ist, mit offenen Augen durch die Welt zu gehen, ihre Schönheit zu erkennen und dadurch innere Zufriedenheit zu erlangen.

Kapitel 20

Selbstheilungskräfte

Reiki ist bekannt als eine Methode zur Stärkung der Selbstheilungskräfte. Oft werde ich gefragt, ob jeder Reiki lernen kann. Ja, man kann. Jeder Mensch kann seine eigenen Selbstheilungskräfte aktivieren, indem er sich selber die Hand auflegt. Doch damit die Energieströme besser fließen können, sollte man den menschlichen Körper gut kennen und den ersten Reiki-Grad bei einer Reiki-Lehrerin machen. Durch die Einweihung im ersten Grad werden Blockaden gelöst und man merkt sofort, dass alles im Körper besser fließt. Man lernt dabei gleichzeitig den Vorgang, wo und wie man sich selber Hand auflegt. Den ersten Grad empfehle ich besonders bei Menschen, die eine chronische Krankheit in sich haben. Der Glaube gesund zu werden und regelmäßiges Handauflegen tragen viel zur Genesung bei. Natürlich bleibt es in einigen Fällen auch nicht aus, dass man die Schulmedizin zur Rate ziehen muss. Doch zu mir kommen oft Leute, die schulmedizinisch schon alles ausprobiert haben, jedoch erfolglos.

Diese Menschen greifen dann zur Naturheilung und probieren verschiedene Sachen aus, mitunter auch das Handauflegen. Dadurch wird die Produktion der Immunzellen gesteigert und Heilungsprozesse werden eingeleitet.

In den vergangenen 15 Jahren, in denen ich Reiki praktiziere, habe ich mir die Menschen genau angesehen und konnte mir hinterher immer einiges erklären. Wenn ein Mensch z. B. schnell aufbraust, deutet alles darauf hin, dass seine Lebensenergie stagniert. Oder es deutet auf einen Bluthochdruck hin. Der ängstliche Mensch weist auf eine Nierenproblematik hin.

Grundsätzlich geht es immer darum, Gegensätze auszugleihen, Körper, Seele und Geist wieder in eine gesunde Balance zu bringen. Der Schlüssel zur Heilung ist die Veränderung in uns. Dazu zählt an erster Stelle Stress abzubauen und achtsam mit sich selbst umzugehen.

Natürlich sollte man auch seine Kraftquellen finden, z. B. das Meditieren, Autogenes Training, Yoga, Reiki oder einfach nur das Spazieren gehen, um die schlechten Gedanken los zu werden. Wir bestimmen selbst, wo und wie wir zur Ruhe kommen. Manchmal ist das Zuhause ein ganz anderer Ort, es ist einfach der Ort, wo wir uns wohl fühlen. In einem Märchen wird am Ende alles gut. So ähnlich ist es mit den Selbstheilungskräften. Auch wenn wir krank sind, es gibt immer einen Teil von uns, der gesund ist, den wir stärken können.

Vertraue Deiner eigenen Kraft!

Kapitel 21

Veränderung

Im Laufe der Jahre gibt es immer wieder Veränderungen, ob im Bereich der Technik, der Medizin oder in anderen Bereichen. Vor allem im Alter fallen einem solche Veränderungen besonders auf. Ich stelle immer wieder fest, dass nichts bleibt wie es ist. Es werden ständig neue technische Geräte erfunden, die in die Zukunft weisen und auch auf dem Gebiet der Medizin gibt es enorme Fortschritte. Früher bedeutete z. B. die Diagnose „Brustkrebs" ein Todesurteil, doch heute werden bis zu 90 % der an Brustkrebs erkrankten Patientinnen geheilt.

In der heutigen Zeit werden auch Kinder anders erzogen als früher. Es ist eine modernere Zeit, in der für Kinder nur Markensachen zählen. Ob bei Spielsachen, Schuhen oder Bekleidung. Es muss immer ein Markenartikel sein.

Einige Menschen wollen die Welt verändern, doch im Grunde wissen sie, dass man die Welt nicht verändern kann, sondern man kann nur an sich selber arbeiten und sich so verändern. Unser Leben ist wie Rad fahren, man ist ständig in Bewegung und verändert sich. Es gibt im Leben viele Dinge, die auf uns zukommen und für die wir Verantwortung tragen, ob privat oder im Beruf. Ehe wir uns versehen, verlieren wir uns und sehnen uns nach Veränderung. Was wir vor 20 Jahren toll fanden, ist für uns heute „kitschig" und langweilig. Wir leben nun mal in einem Zeitalter der ständigen Veränderungen.

Mein zweites Klassentreffen nach 30 Jahren war sehr spannend, da es darum ging, die Mitschüler nach so einer langen Zeit wieder zu erkennen. Nein, ich habe die meisten von ihnen nicht sofort wieder erkannt. Einige hatten sich zu ihrem Vorteil verändert, andere zu ihrem Nachteil oder sie waren krank. Es ist erschreckend, wie Menschen sich verändern können und sie selber gar nicht mitbekommen, was im Leben alles auf sie einströmt, was sie bewältigen müssen.

Wenn Stress unser Leben im Alltag bestimmt, sollte man sich überlegen, was man verändern kann. Man muss überlegen, wieso bin ich hier?

Fühle ich mich hier wohl?

Was ist für meine Seele wichtig?

Tu ich genug für meine Gesundheit?

Was ist mir wichtig?

Wie bekomme ich mehr Energie?

Alle diese Fragen sind wichtig zu beantworten, um Veränderungen zu erzielen in Richtung einer besseren und gesünderen Lebensweise.

Haltet die Uhren an, vergesst die Zeit.

Kapitel 21

Innere Stimme

Wie oft kommt man in eine Situation, in er man denkt: „Ach, hätte ich nur auf meine innere Stimme gehört!" Einige Menschen registrieren diese Stimmen gar nicht und handeln automatisch nach dem gesunden Menschenverstand, was sich später aber leider oft als falsch rausstellt. Unsere innere Stimme, die Stimme unserer Bedürfnisse und Erfahrungen, gibt uns auch Stärke und Halt und weiß viel über uns selbst. Sie stellt unsere „Bedürfnisse" in Frage, aber wir vernachlässigen die mahnende innere Stimme. Sie stellt unsere sozialen Beziehungen und unsere Gesundheit in Frage.

Es gibt Geschehnisse, bei denen man denkt, so hätte ich auch gehandelt, weil meine innere Stimme es mir gesagt hat. Als ich eines Tages mit meiner Rottweiler Hündin spazieren ging, ließ ich sie in Wiesen und Feldern von der Leine, damit sie richtig toben konnte. Meine innere Stimme sagte mir aber: „Nimm sie lieber wieder an die Leine!" Ich tat es, 50 Meter weiter waren Jäger zu sehen, die Schüsse

abgaben, um vielleicht Hasen oder Rehe abzuschie-
ßen. Wie schnell hätte was passieren können, wenn
unsere Hündin in das Rudel hineingelaufen wäre.
Also hatte meine innere Stimme mal wieder Recht.
Die innere Stimme ist so stark, dass sie unser Leben
bestimmen kann. Sie kann unser Leben wieder zum
Fließen bzw. in Bewegung bringen, so dass wir unsere Balance wieder finden. Fragen wir unsere innere Stimme, was uns gut tut und was nicht, so wird
sie uns nicht belügen, denn im tiefsten Inneren wissen wir selbst, was uns gut tut und was nicht.

Wir übersehen leider immer öfter, dass wir uns
selbst in Stress bringen, unsere weise innere Stimme
übergehen und wollen dann andere für die Folgen
verantwortlich machen! Ob es Stress mit dem Partner, mit dem Chef oder den Kindern ist, sagt doch
unsere innere Stimme: „Versöhn Dich, Du bist selber auch nicht ganz unschuldig daran." Also ist es
gut, auf unsere innere Stimme zu hören!

Wir können selbst bestimmen, welchen Stimmen wir Gehör schenken.

Habe Mut, auf sie zu hören und handle auch mal aus Deinem Bauchgefühl heraus. Wir stehen leider viel zu oft unter Volldampf und vergessen darüber, auch mal Pausen einzulegen, bis unsere innere Stimme sagt: „Nun mach mal halblang, sonst macht sich gleich Dein Rücken bemerkbar!"

Es können auch andere Symptome auftreten, wie z. B. Herzrhythmusstörungen, Kopfschmerzen, Durchfall oder Verstopfung. Auf jeden Fall sollte man sie ernst nehmen, denn deine innere Stimme – Du kannst ihr auch einen Namen geben – ist Dein bester Freud und meint es auf jeden Fall gut mit Dir!

Lausche tief im Inneren und Du wirst Vieles von Dir hören.

Kapitel 22

Innere Stärke

Der Mensch kann sehr viel Kummer und Leid ertragen, mehr als er denkt! Man glaubt, an etwas zu Grunde zu gehen, aber man baut sich immer wieder auf und das ist auch gut so. Es gibt verschiedene Gedankenmuster: Sind sie hell und friedlich, machen sie uns glücklich, sind sie aber dunkel und schlecht zu erkennen, mach sich Sorge und Angst breit. Man hat viele Tricks, seine innere Stärke und sein inneres Gleichgewicht wieder zu erlangen. Aber tut man es auch?

Innere Stärke hat auch etwas mit Loslassen, Vertrauen und positivem Denken zu tun. Wenn man diese Einstellungen bzw. Verhaltensweisen befolgt, bekommt man mit der Zeit eine innere Stärke. Auch Rituale geben Kraft im tiefsten Inneren. Viele Menschen suchen nach Erfüllung, Sicherheit und Reichtum, doch der wahre Wert liegt tief im Inneren des Seins. Stehst du vor einer Prüfung oder hast einen Verlust zu beklagen, dann wirst du sehen, wenn

du positiv denkst, überwindest du Angst und Trauer,
denn dein starker Lebenswille lässt es nicht zu, dass
du im Kummer versinkst.

Was Dich nicht unterkriegt, macht Dich nur noch stärker!

Inhaltsverzeichnis